나를 사랑하지 않는 내가 살아가는 방법

나를 데리고 수영장 가기

지은이 짓

차례

들어가면서   06

01
첫번째 방법   10
꽃샘추위   12

02
조금 나쁜 나도 괜찮아 유재석과 이경규, 박명수, 김구라   18
달리 보기   20
자세히 보아야 예쁘다 나도 그렇다   22

03

다문화사회　26

리스본행 야간열차와 월터　28

나를 데리고 수영장 가기　32

04

이 시대의 찌질이　36

내 멋대로, 네 멋대로　38

낮은 자존감도 비염과 같다　40

물음표, 도돌이표 그리고 마침표　44

각주　46

들어가면서

나는 자존감이 낮다.

나를 사랑하지 못하는 고질병.

선천적인 성격인지, 후천적인 경험에 의한 성격인지. 자존감이 낮은 내가 조금이라도 맘 편히 이번 생을 살다 가려 수년간 시도해본 방법을 풀어내고자 한다.

나를 데리고 수영장 가기

01

아침부터 너무 맑은 날이 싫었다.

너무 맑아 나 숨을 곳 하나, 없을 것 같았다.

-맑은 날 아침에

첫번째 방법

아무리 봐도 나는 사랑할 구석이 없었다. 외모가 뛰어난 것도 아니었으며 공부를 잘하는 것도 마음씨가 고운 것도 재미있는 유머가 있는 것도 아니었다.

아무도 나를 사랑해 줄 것 같지 않았다. 그러자 큰 연민이 느껴졌다. 이 세상에 태어나 아무에게도 사랑받지 못한다니 너무 불쌍하지 않은가.

그래서 결심했다. 불쌍한 나를, 나라도 사랑해주자.

첫 번째 방법은 연민이었다.

꽃샘추위

 어느 신문에 나온 그림이었다. 봄과 겨울을 의인화해, 꽃샘추위를 표현한 작품이었다. 봄은 분홍빛에 화려한 모양이었으며, 겨울은 차가운 에메랄드의 여인이었다. 겨울은 봄을 질투하는 듯, 봄을 차갑게 바라보며 추운 입김을 봄에게 내뱉었다.

10대의 나는 그 그림이 묘하게 끌렸고, 그 그림을 스크랩해 다이어리에 넣어놓고 종종 꺼내보곤 했다. 한창 대학생활을 하며, 여전히 낮은 자존감에 맘 졸이며 하루하루를 살아가고 있었다. 그 시절 나는 타인과 나를 항상 비교하고, 타인의 장점들을 부러워하며, 타인들을 질투했고, 그런 장점을 가지고 있지 않은 나를 자책했다.

그러던 어느 날 그 그림이 다시 눈에 들어왔다. 그 날은 유독 겨울에게 시선이 머물렀다. 타인을 샘내고 질투하는 겨울이 마치 나 같았다. 그런 겨울을 애증 어린 눈으로 잠시 바라보니, 또 다른 것들이 보이기 시작했다.

겨울은 오똑하고 날카로운 턱선과 에메랄드빛의 긴 생머리. 동양적인 날카로운 눈매 호리호리하게 길쭉한 모델 같은 몸매가 상상되는 매력적인 형상이었다. 그러자 문득 겨울이 나로 느껴졌다. 자신의 매력은 보지 못한 채, 늘 봄의 매력만 바라보는 게 아닐까. 겨울도 겨울만의 매력이 있듯이, 나도 나만의 매력이 있다는 사실을 깨닫게 했다.

봄은 분홍빛에 화려한 모양이었으며,

겨울은 차가운 에메랄드의 여인이었다.

겨울은 봄을 질투하는 듯, 봄을 차갑게 바라보며

추운 입김을 봄에게 내뱉었다.

02

멀리서 본 희극을 가까이서 본 내 비극과 비교하지 말자.

-마냥 행복만 할 것 같은 사람들을 보며

너무 과하게 남의 시선을 신경 쓰는 것은

스스로 빅브라더[1]를 만들어 사는 것과 같다.

-책 <1984>[2]를 읽고

조금 나쁜 나도 괜찮아
유재석과 이경규, 박명수, 김구라

 모든 사람에게 친절하고 배려심 깊은 좋은 사람이 되고 싶었다. 내게서 나오는 배려와 친절이 거짓이 아닌 내 마음속에서 진심으로 우러나오는 사람이 되고 싶었다. 마치 유재석처럼 말이다.

유재석처럼 겉으로는 남들에게 친절을 베풀었다. 하지만, 내 이익이 먼저 생각이 났고, 나에게 불이익이 느껴질 때면 기분이 좋지 않았다. 통 크고 덤덤하게 내가 조금 더 양보하고 배려하고 싶었는데 내 마음은 자꾸 뾰족뾰족 가시를 세웠다. 유재석이 되기에는 내 안에 이경규, 박명수, 김구라가 너무 많았다.

나는 나를 자책했다. 나는 왜 이렇게 못되었을까. 나는 왜 가식적인 사람일까. 나는 왜 이렇게 계산적일까. 진심으로 배려하지 않을까. 나는 나쁜 나를 인정할 수 없었다.

내 마음속 팽팽한 줄다리기는 끊임없이 이어졌다. 밧줄이 내 살갗을 파고드는 것 같은 아픔이었다. 그리고 어느 날 팽팽했던 줄을 순간 놓쳐버리듯, 그냥 내 마음속의 이경규 박명수 김구라를 인정하기로 했다. 나는 완벽한 유재석이 되기를 포기했다. 다른 사람들을 속일 수는 있어도 나를 속일 수는 없었다. '내게 이런 조금 나쁜 면도 있구나.'라고 인정해버리자, 편해졌다.

시간이 조금 지나 나이 앞자리가 바뀌고 길지 않은 인생을 되돌아보니, 나를 항상 착한 코르셋으로 옥죌 필요는 없었다. 조금 나쁜 나도 괜찮다는 생각이 들었다.

나를 데리고 수영장 가기

달리 보기

나는 유독 나의 장점보단 단점을 더 잘 알고 있었다. 장점보다 단점들이 내게 톡톡 들어와 내 마음에 걸렸다.

'꽃샘추위' 그림을 다시 본 계기로 나의 매력들을 찬찬히 찾아보았다. 그 노력 중 하나는 '단점을 장점으로 달리 보기'였다.

단점 하나. 다른 사람의 매력을 부러워하는 것.

이는 나의 자존감을 낮게 하는 주 원인 중 하나였다. 다른 사람의 매력과 장점을 부러워하고 나와 비교할수록 나 자신이 마음에 들지 않았다. 하지만 다른 사람을 부러워하는 단점을 조금 뒤틀어서 생각해 보면, 나는 다른 사람의 매력과 장점을 잘 발견하는 좋은 눈과 관찰력을 가지고 있었다.

단점 둘. 애매모호한 성격

나는 성격이 뚜렷하지 않았다. 성격검사를 해보면 내향적이지도, 외향적이지도 않았고, 자기주장형이거나 신중형이지도 않았다. 나의 성격은 기준점에서 크게 벗어나지 않았다. 개성이 없는 것 같아서 스스로 실망했다. 하지만 또 반대로 생각해 보면 나는 다채로운 매력을 가진 거였다. 나는 애매한 게 아니라, 다채로운 매력 덩어리였다.

자존감이 극도로 낮은 시절, 항상 나를 부정했다. 내 존재 자체가 잘못인 것 같았다. 그래서 나를 바꾸려고 노력하고 노력했다. 하지만 잘못된 건 나를 보는 나의 시선이었다. 내가 잘못된 게 아니었다. 부정적인 나도, 내성적인 나도, 애매한 나도, 모두 옳았다.

자세히 보아야 예쁘다
나도 그렇다

나는 남들과 나를 자주 비교하곤 했다. 남들은 항상 나보다 앞서갔으며 내가 없는 장점들을 가지고 있었다. 세상에는 멋진 사람들이 너무나도 많다. 나는 그들을 관찰하고, 관찰한다.

자세히 보아야 예쁘다.

나태주 시인의 시 '꽃' 속의 한 구절이다. 내가 다른 사람들을 오랜 시간 관찰하는 동안, 나를 바라본 시간은 얼마나 될까. 사람은 신체적 구조상, 자신보다 다른 사람을 보는 시간이 더 많다. 거울같이 나를 비춰주는 물질이 없는 이상, 사람은 다른 피사체를 보며 대부분 시간을 보낸다. 내가 타인을 멋지게 우러러본 이유는, 그들을 너무 오랜 시간을 바라보고 있어서 그런 것일지도 모른다.

나도 자세히 보아야 내가 얼마나 예쁜 사람인지 알 수 있다. 많은 시간을 나 자신에게 관심을 가져보자. 그리고 나의 내면과 외면을 자세히 바라보자.

자세히 보아야 예쁘다. 나도 그렇다.

03

우울하고 부정적인 존재도 필요한 존재야.
슬픔이 있어야, 기쁨도 존재할 수 있어.
온 세상이 나를 감싸 안는 위로를 받았다.

-영화 <인사이드 아웃>[3] 보고

다문화사회

동성애도, 종교도, 인종도, 문화도, 성별도.

다문화사회 속에서 타인의 다양성을

이해하고 받아드리려 노력하며 사는 나인데

내 안의 다양한 면도 받아주면 안 될까?

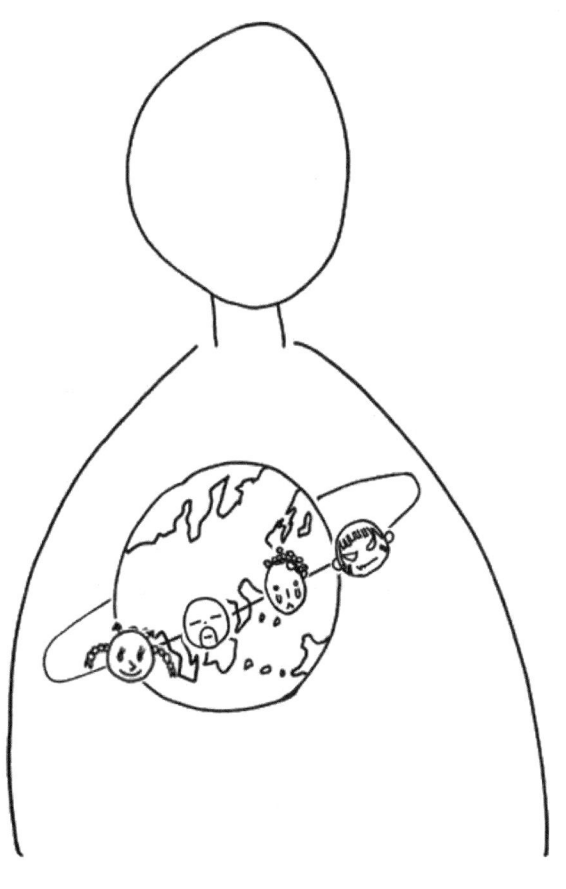

리스본행 야간열차와 월터

 혼자 남겨진 주말, 시간을 때우기 위해 영화를 보기로 했다. 영화 포스터 풍겨오는 독특한 분위기에 끌려 <리스본행 야간열차>[4]를 봤다.

영화는 스위스에서 시작된다. 그저 소심하고 조용히 착하게 살아온 학교 선생님 그레고리우스가 다리 위에 빨간 코트를 입은 여자를 구하면서부터 이야기는 시작된다. 빨간코트 여자는 그 코트만 남기고 사라지고, 주인공은 그녀를 찾아 헤매는 중, 코트 주머니 안에서 한 권의 책과 리스본행 기차표를 발견한다. 그리고 그 길로 리스본으로 떠난다. 이제, 그에게 더 중요한 건 빨간코트여자가 아니라, 주머니 안에 있던 책의 저자 아마데우스의 삶이다. 그레고리우스는 아마데우스와 더 가까워지기 위해 그의 삶을 더 파헤치기 시작한다.

영화를 다 보고 나니 흔한 일상탈출과 자아 성장 영화였다. 영화<월터의 상상은 현실이 된다>[5)]와도 같은 장르이다. 소심하고 무시당하던 주인공의 무모한 여행으로 두 영화는 시작한다. 하지만 월터는 거칠다. 여행 속에서 점점 더 무모한 행동을 하면서 자신도 몰랐던 용기와 자신감으로 새로운 자신의 모습으로 변해간다. 반면 그레고리우스는 변하지 않았다. 여행 자체는 무모했지만, 여행 안에서 그 무모함은 아마데우스의 지인을 찾아가 이야기를 듣는 정도의 일이다.

영화의 끝에서 월터는 스스로 자신을 변화시켰고, 그레고리우스는 지금의 자신을 그대로 받아주는 사람을 찾았다. 어느 쪽이 맞다 틀렸다고 판단하고 싶지 않다. 둘 다 옳다. 모두 좋은 일이다.

월터는 스스로 자신을 변화시켰고,

그레고리우스는 지금의 자신을 그대로 받아주는 사람을 찾았다.

나를 데리고 수영장 가기

퇴사를 하고 태국으로 여행을 갔다. 바다와 호텔 수영장을 다니며, 수영을 즐겼다. 수영을 하면 기분이 좋았다. 나를 감싸는 물의 촉감이 기분 좋았다. 무언가 내 가슴 깊은 곳에서 기분 좋은 호르몬들이 보글보글 올라오는 것 같았다. 이 말랑말랑한 느낌들이 내 얼굴 근육도 자극했는지, 나를 본 친구가 '너는 물속에 있을 때, 표정이 달라져, 제일 행복해 보여.'라며 말했다. 친구의 말을 듣고서야, '나는 수영을 참 좋아하는구나.'라는 것을 느꼈다. 마치 내가 3인칭처럼 느껴졌다. 그리고 나를 3인칭으로 관찰하기 시작했다.

나는 사실 무딘 사람이다. 무디기도 무디었지만, 호와 불이 뚜렷한 사람도 아니었다. 나의 감정선은 아주 미미하게 꿈틀거려, 무딘 내가 그 감정을 느끼려면 아주 세세한 신경을 써야 했다. 내가 느끼는 다양한 감정들을 확인하는 센서를 달기 시작했다. 내가 웃을 때나 맛있는 음식을 먹을 때 같이 좋은 감정을 느낄 때 내 뱃속 어딘가에서 미세한 간질거림이 느껴졌다. 그리고 사랑하는 사람을 다루듯 나를 대했다.

태국에서 주어진 시간이 끝나고 한국으로 돌아왔다.

그리고 나를 데리고 수영장으로 향했다.

04

"언니를 바꾸려고 하지마레이.
언니가 세상과 사는 방법을 찾아야지,
언니를 바꿀 필요는 없따."

-호주에서 잘 지내고 있는 탠저린 안

"요즘 세상이 그래, 네 탓이 아니야."

-취직도 못 하는 딸을 바라보던 우리 아빠

"언니는 물 안에 들어오면 표정이 달라져요.

행복해 보여요."

-행복한 정피글렛

이 시대의 찌질이

나이가 차도 독립 생각 없는 캥거루족[6]

일하지도 않고 할 생각도 없는 니트족[7]

집도, 결혼도 포기한 N포세대[8]

청년 실업자, 청년 백수, 잉여인간

사회가 정의해 놓은 나

나는야 이 시대의 찌질이

그럼에도 불구하고 나는 이 시대를 살아간다.

조금 창피하긴 하지만, 못 살 것도 없어.

찌질하면 어떠냐?

내가 조금 모자란다고 너한테 피해 주는 것도 아니잖아?

죽음보다 삶이 더 두려운.

그래도 나는 살아간다.

내 멋대로, 네 멋대로

택시를 탔다. 택시가 출발한 지 얼마 지나지 않아, 택시기사님은 나에게 여러 질문을 꺼냈다. 그리곤 곧 택시 안 작은 공간을 자신의 이야기로 채워 놓기 시작했다.

"내가 이렇고 저렇고, 결국, 내가 잘살고 있다, 인생이 그런 거다, 너도 이렇게 살아야 한다."라는 이야기였다.

택시에서 내렸다. 택시가 달리는 동안 그의 이야기에 추임새를 넣었지만, 사실 그의 이야기처럼 그가 그리 대단해 보이지 않았다. 그리고 그처럼 살아갈 생각도 없었다. '다 옛날이야기야. 지금은 세상이 변했어.'라는 말을 마음에

눌러 남겨놓았다. 하지만 자기 멋에 취해 그 멋대로 사는 그의 모습은 옳았다.

개인의 삶은 '개인의 취향' 혹은 '가치'라는, 내가 '멋'이라고 표현하는 것에 의해 각자 다른 형태로 발현된다. 개인의 멋대로 물건을 사고, 외형을 가꾸며, 취미를 선택하고, 직업을 가지며, 삶의 방향을 결정한다.

내 멋도 없다면, 이 지루한 삶을 무슨 재미로 살아가겠는가. 내 멋에 취하지 않는다면, 이 지독한 인생을 어떻게 버텨내겠는가.

내 멋대로, 네 멋대로. 살자.

낮은 자존감도 비염과 같다

 나는 비염이 있다. 작은 찬바람도 견뎌 내지 못해 콧물이 줄줄 흐른다. 내 코는 조금 작은 크기로 태어나 약했고, 어린 시절 적절한 치료를 해주지 못했다. 본래 타고난 체질과 이미 지나가 버린 과거는 더는 손 쓸 방법이 없다. 비염은 난치병이다. 수술한다고 해도 재발할 확률이 높다. 그래서 비염은 관리를 잘해주어야 한다. 그러면 완벽하게 고칠 수는 없지만 덜 아프게 할 수 있다. 따뜻한 물을 자주 마셔주고, 운동으로 몸 온도를 따뜻하게 유지하며, 갑작스러운 온도변화를 대비해 겉옷을 항상 챙겨 다녀야 한다.

낮은 자존감도 비염과 같다. 코가 약한 것처럼 마음이 약한 것 뿐이다. 여전히 연약한 내 자존감은 살얼음 같아 조그마한 충격에도 쉽게 으스러져 버린다. 이제 나의 자존감을 관리하는 방법 알고 있다. 으스러져 버려도, 무너져버려도, 조금이라도 덜 아프게 다독이고, 다독인다.

"나는 내가 못생겨서 좋아,

뻔하게 안 생겼다는 거잖아. 잘생기면 뻔해."

-나 볼 시간은 없는 최땅콩

"나는 내 우울함이 좋았어.
예술적인 사람들의 재능 중 하나거든."

-재수없는 내 동생

"소크라테스, 반고흐, 도스토옙스키도

나처럼 뇌전증을 앓았데이.

봤나? 나의 급을"

-내게 책 선물 해줄 때 제일 좋은 박대리

물음표, 도돌이표 보단 마침표

나는 나에게 매번 물음표를 달았다.

나는 왜 못났을까? 나는 왜 이걸 못할까?

나는 왜 이 모양일까? 나는 왜 자존감이 낮을까?

물음표는 꼬리의 꼬리를 물어, 도돌이표 같은 질문들이 이어졌다. 계속되는 질문에 스스로도 지쳤는지, 물음표 대신 마침표를 찍었다.

나는 못났나 보다. 나는 이걸 못하나 보다.

나는 이 모양인가 보다. 나는 자존감이 낮은 사람인가 봐.

그러자 물음표에서는 나올 수 없었던 생각들이 이어졌다. 나를 부정하지 않고 그대로를 마주하자, 더 밝은 곳으로 갈 수 있는 길이 보였다.

나는 왜 못났을까? 그래도 더 나아질 수 있잖아.

나는 왜 이걸 못할까? 다른 걸 더 잘하면 되지.

나는 왜 이 모양일까? 더 좋은 모양으로 만들자.

나는 왜 자존감이 낮을까? 하지만 이런 나도 좋아.

각주

1) 빅브라더(big brother) 정보의 독점으로 사회를 통제하는 관리 권력, 혹은 그러한 사회체계를 일컫는말. 영국의 소설가 조지오웰의 소설 <1984>에서 비롯된 용어. 두산백과 출처

2) 1984 조지오웰 지음, 디스토피아 소설, 1949.

3) 인사이드 아웃(Inside out) 피트 닥터 감독, 픽사 애니메이션 영화, 2015.

4) 리스본행 야간열차(Nachtzug nach Lissabon) 빌 어거스트 감독, 파스칼 메르시어의 소설 원작 영화, 2013.

5) 월터의 상상은 현실이 된다(The Secret Life of Walter Mitty) 벤 스틸러 감독, 코미디 드라마 판타지 영화, 2013.

6) 캥거루족 학교를 졸업해 자립할 나이가 되었는데도 부모에게 경제적으로 기대어 사는 젊은이들을 일컫는 용어. NAVER지식백과 출처.

7) 니트족(NEET←Not in Employment, Education or Trainning) 일하지 않고 일할 의지도 없는 청년 무직자를 뜻하는 신조어. NAVER지식백과 출처.

8) 사회적 상황으로 인해 취업이나 결혼 등 여러 가지를 포기해야 하는 세대를 뜻하는 용어. NAVER지식백과 출처.

나를 사랑하지 않는 내가 살아가는 방법

나를 데리고 수영장 가기

지은이 짓

초판 1쇄 2019년 4월 22일

2쇄 2019년 5월 15일

3쇄 2019년 5월 22일

4쇄 2019년 8월 28일

5쇄 2021년 12월 20일

전자우편 ai_two@naver.com

인스타그램 @heooozis

@jit_writer

책방지기가 되었어요. @ohoobooks